कम्प्यूटर का सहज बोध

कम्प्यूटर का सहजबोध

इकबाल मुजफ्फर अली
सुरेश सलिल

वाणी प्रकाशन

वाणी प्रकाशन
4695, 21-ए, दरियागंज, नयी दिल्ली 110 002

शाखा
अशोक राजपथ, पटना 800 004

फ़ोन : +91 11 23273167 फ़ैक्स : +91 11 23275710

www.vaniprakashan.in
vaniprakashan@gmail.com
sales@vaniprakashan.in

COMPUTER KA SAHAJBODH
by Iqbal Mujaffar Ali, Suresh Salil

ISBN : 978-81-8143-023-6
Computer

संस्करण 2011
आवृत्ति 2017

मूल्य : ₹95

एस.जी. प्रिंटर्स, दिल्ली-110 093 में मुद्रित

वाणी प्रकाशन का लोगो मक़बूल फ़िदा हुसेन की कूची से

रोबो और कम्प्यूटर

रोबो और कम्प्यूटर : हमारे नए हाथ व नए मस्तिष्क

आज हम अंतरिक्ष युग में रह रहे हैं। अंतरिक्ष युग का प्रारंभ 8 अक्तूबर 1957 को, अंतरिक्ष में पहला स्पुतनिक भेजकर, सोवियत रूस ने किया था। तब से अठारह वर्ष का समय बीत गया और हमने चाँद तक की मंजिल तय कर ली है। अब वह दिन भी दूर नहीं है जब मंगल और शुक्र लोक हमारे पैरों के नीचे होंगे। लेकिन क्या कभी हमने या आपने इस प्रश्न पर भी विचार किया है कि अंतरिक्ष-संबंधी हमारी इन सफलताओं में सबसे अधिक सहायता किसने की है ? शायद आप कहें कि हमारे बुद्धिबल ने और हमारे आत्मबल ने। आपकी बात सही है। इन अभियानों में हमारे सबसे निकटस्थ सहयोगी बुद्धिबल और आत्मबल हो रहे हैं। लेकिन एक ऐसा यंत्र भी है जिसने समय-समय पर हमारी बहुत-सी समस्याओं को आसान बनाया है और जटिल विषयों को समझने में मदद की है। उस यंत्र का

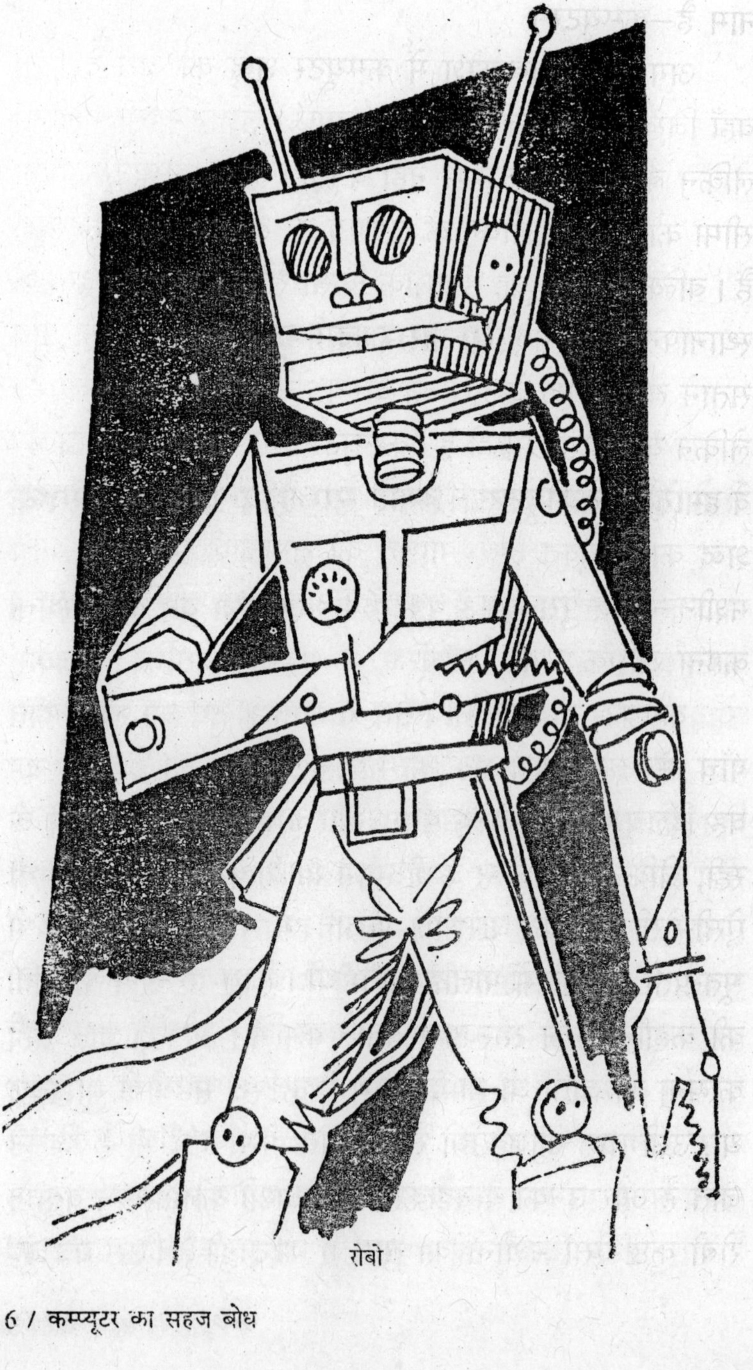

रोबो

नाम है—कम्प्यूटर।

अगर आप शब्दकोश में कम्प्यूटर शब्द का अर्थ देखें तो वहाँ लिखा होगा—गणित की समस्याएँ सुलझाने वाली मशीन। लेकिन बात सिर्फ इतने से नहीं बनती। आज कम्प्यूटर अपनी सीमा को लांघकर जीवन के लगभग हर क्षेत्र में प्रवेश कर चुके हैं। बल्कि सच तो यह होगा कि किसी सीमा तक वे आदमी के स्थानापन्न बन गए हैं और आदमी को इस बात का भय सताने लगा है कि बेकारी का दानव उसे निगलने ही वाला है। लेकिन यह कोरा भ्रम ही है। कम्प्यूटर हमारे शत्रु नहीं, मित्र हैं। वे हमारे सफर को आसान बनाते हैं। और इस प्रकार 'कम्प्यूटर' शब्द का उपर्युक्त अर्थ—गणित की समस्याएँ हल करने वाली मशीन—आज पुराना पड़ चुका है। आज उसे 'विद्युत मस्तिष्क' कहना अधिक ठीक होगा।

कम्प्यूटर के बारे में विस्तार से चर्चा करने से पहले, आइए पाँच मिनट एक और दिलचस्प चीज के बारे में बात कर लें। वह दिलचस्प चीज है—रोबो। रोबो आज कोई नई चीज नहीं रही, लेकिन यह जरूर है कि अधिकांश लोग उसके बारे में ऐसी-ऐसी भ्रामक धारणाएँ फैलाने में लगे हैं, जैसी कभी भूत-प्रेतों के बारे में फैलाई जाती थीं। जिस तरह पहले बच्चों की कहानियों को रहस्यपूर्ण बनाने के लिए उनमें भूत-प्रेत की कल्पना की जाती थी या दानव व बैताल को प्रकट किया जाता था, उसी तरह आज रोबो से संबंधित अजीबोगरीब किस्से गढ़े जाते हैं और उनकी दानवाकार तस्वीरें बनाई जाती हैं। लेकिन रोबो कुछ ऐसी मशीनों का नाम है जो मनुष्य की तरह काम

करती हैं। प्रारंभ के कुछ रोबोओं को छोड़ दें तो अब जिन नए रोबोओं का आविष्कार हो रहा है वे मनुष्य के गुणों से युक्त होते हैं लेकिन आकार से वे मनुष्य जैसे नहीं होते।

अब प्रश्न यह उठता है कि रोबो आखिर है किस भाषा का शब्द ? और इसका मतलब क्या होता है ? रोबो शब्द चेक भाषा के एक शब्द 'रोबोत्निक' से बना हैं। रोबोत्निक का अर्थ होता है गुलाम या दास। लेकिन संसार को 'रोबो' शब्द देने का श्रेय चेकोस्लोवाकिया के एक विख्यात कथाकार कारेल चापेक को है। कारेल चापेक ने सन् 1921 में एक नाटक लिखा था—आर.यू.आर. अर्थात् रोसम्स युनिवर्सल रोबो। उस नाटक में रोसम आदमी जैसी अनगिनत रोबो मशीनों की रचना करता है, जो उन बहुत सारे कामो को कर सकती है जिन पर तब तक सिर्फ आदमी की इजारेदारी थी। बस, चापेक के उस नाटक के बाद 'रोबो' शब्द सारी दुनिया में प्रसिद्ध हो गया और वैज्ञानिक चापेक की कल्पना को साकार करने में जुट गए।

इस प्रकार हम देखते हैं कि नाटककार चापेक के अनुसार रोबो का अर्थ है—मशीन मानव, लेकिन आज, जबकि हम अपनी आँखों से रोबो को देखने में समर्थ हैं, उसे एक ऐसी सचल और विचारशील मशीन कहा जाना चाहिए, जो कुछ काम कर सकती है।

लेकिन कारेल चापेक को सिर्फ इस बात का श्रेय जाता है कि उन्होंने रोबो नाभ से मशीनी मानव की कल्पना की। वैसे मशीनी मानव की कल्पना बहुत नई बात नहीं है। सन् 1768 में जर्मनी के ओल्फगांग फॉन केम्पेलेन ने एक ऐसे मशीनी

मानव की कल्पना की थी जो शतरंज का खेल खेल सकता था और बड़े-से बड़े मंजे खिलाड़ी हो हरा सकता था। केम्पेलेन ने शतरंज के चार्ट वाली मेज के अंदर एक ऐसे बौने को छिपा रखा था जो भीतर से चाल चलकर बड़े-से-बड़े खिलाड़ी को हराता रहता था। लेकिन उसे मशीनी मानव की कल्पना-भर कहा जा सकता है, मशीनी मानव नहीं।

आज कम्पेलेन का मशीनी मानव या चापेक के रोबो कल्पना से निकलकर सच्चाई की दुनिया में आ चुके हैं और काफी लंबा सफर तय कर चुके हैं।

आज रोबो इतने सक्षम हो चुके हैं कि वे उन कामों को भी बखूबी अंजाम दे देते हैं, जिन्हें हम खतरनाक समझते हैं। 'मोबो' इसी प्रकार का एक रोबो है। 'मोबो' के अंग मानव के शारीरिक अंगों से काफी समानता रखते हैं। मानव की ही तरह 'मोबो' के भी आँख, हाथ, कंधे और कोहनियाँ होती हैं। इसे छूकर नहीं बल्कि दूर से नियंत्रित किया जाता है। इसके हाथ 180 से.मी. लम्बे होते हैं और ऊपर को उठे दो जोड़दार स्पर्शकों (Tantacles) पर लगे टेलीविजन कैमरे आँखों का काम करते हैं। मोबो का निचला धड़ बक्स के जैसा होता है और पैरों की जगह पहिए लगे होते हैं। अभी तक मोबो का कार्य-क्षेत्र वैज्ञानिकों की अनुसंधान-शालाएँ हैं, जहाँ वे रेडियोएक्टिव पदार्थों वाले खतरनाक काम करते हैं। भविष्य में संभवतः वे समुद्र के गर्भ में और ब्राह्माकाश में भी कार्य करने में सक्षम हो सकेंगे।

शुरू में ही हम इस बात का जिक्र कर चुके हैं कि अंतरिक्ष

के क्षेत्र में मानव ने अब तक जितनी सफलता प्राप्त की है, उसमें रोबोओ की अत्यंत महत्त्वपूर्ण भूमिका रही है। तो आइए, इस बारे में भी थोड़ी जानकारी प्राप्त कर लें। आपको शायद यह जानकर आश्चर्य हो कि अब तक जितने भी कृत्रिम उपग्रह अंतरिक्ष में भेजे गए हैं, उनमें रोबो की व्यवस्था रही है। रोबोओं ने ही अंतरिक्ष के बारे में यह सूचनाएँ पृथ्वी पर प्रेषित की हैं कि वहाँ ताप, विकिरण और गुरुत्वाकर्षण की स्थिति क्या है। और तो और, जब पहली बार किसी भी ग्रह के चित्र पत्रिकाओं में छपते हैं तो वे किसी रोबो द्वारा खींचे हुए होते हैं। तात्पर्य यह कि जब किसी ग्रह पर मानव के विजय की बात सोची जाती है तो वहाँ आवश्ययक सूचनाएँ व चित्र लेने के लिए पहले रोबोओं को ही भेजा जाता है। अमेरिका के अंतरिक्ष यात्री नील आर्मस्ट्रांग के चंद्रमा पर पहुँचने से पहले ही चन्द्रलोक की बहुत-सी जानकारी रोबोओ ने दे दी थी।

आपको यह भलीभाँति पता है कि आप गणित का कोई भी नए कायदे का सवाल अपने अध्यापक की सहायता के बिना नहीं हल कर सकते। इसी तरह रोबो भी अपने मनुष्य चालक से निर्देश पाए बिना काम नहीं कर सकता। चालक यह निर्देश उसे रेडियो द्वारा या तारों द्वारा देता है। हम अपना भोजन अपने हाथों से करते हैं, लेकिन रोबो ऐसा नहीं कर सकते। उन्हें काम करने के लिए जिस (भोजन) शक्ति की आवश्यकता होती है वह उनके अंदर तारों या बैटरी जैसी वस्तु से दी जाती है।

काम करने के दौरान रोबो का वह हिस्सा जो अनुभव

करता है, सबसे अधिक क्रियाशील रहता है। इस हिस्से के द्वारा सभी आवश्यक सूचनाएँ इकट्ठी करके रोबो अपने चालक को दे देता है। यहाँ यह जान लेना भी आवश्यक है कि एक रोबो सिर्फ एक ही प्रकार का काम कर सकता है। जो रोबो लोहे की छड़ों को मोड़ सकता है, वह भार नहीं उठा सकता, और जो रोबो केक बना सकता है वह किसी अन्य प्रकार का काम नहीं कर सकता।

पिछले दिनों रोबो की क्षमताओं और संभावनाओं को लेकर इंग्लैंड के नाटिंघम विश्वविद्यालय में एक अंतर्राष्ट्रीय सम्मेलन हुआ। उसमें तरह-तरह के रोबो प्रदर्शित किए गए। उनके आकार एक फुट से लेकर पाँच फुट तक और वजन एक औंस से लेकर एक सौ पचास पौंड तक थे। एक रोबो का वजन तो पूर तीन टन था। वहाँ प्रदर्शित कुछ रोबो निम्न प्रकार के थे—

रंगों का छिड़काव करने वाले, दुकान के अलग-अलग हिस्सों से विभिन्न पुर्जों को उठाकर यंत्र तैयार करने वाले, इधर से उधर सामान ले जाने वाले, एक में मिली बहुत-सी चीजों को अलग-अलग करने वाले, सामान को यथास्थान रखने व सजावट करने वाले।

कुल मिलाकर रोबोओं के क्षेत्र में अब तक जो प्रगति हुई है, उससे रोबोओ का भविष्य काफी उज्ज्वल लगता है।

अब प्रश्न यह उठता है कि रोबो और कम्प्यूटर में फर्क क्या है ? कहा जा सकता है कि रोबो हमारे हाथ हैं और कम्प्यूटर हमारे मस्तिष्क। रोबो हमारे हाथों की क्षमता को

बढ़ाते हैं और कम्प्यूटर हमारे मस्तिष्क की क्षमता को। इस तरह हम उन्हें क्रमशः अपने नए हाथ व नए मस्तिष्क कह सकते हैं।

बिजली से चलने वाला मस्तिष्क : कम्प्यूटर

ठीक तरह से देखा जाए तो कम्प्यूटर या कम्प्यूटर जैसी वस्तु की आवश्यकता आदमी उसी दिन से अनुभव करने लगा था, जिस दिन उसे गिनतियों की जानकारी हुई थी। गिनतियों की जानकारी आदमी को आज से लगभग 25 हजार वर्ष पहले हुई

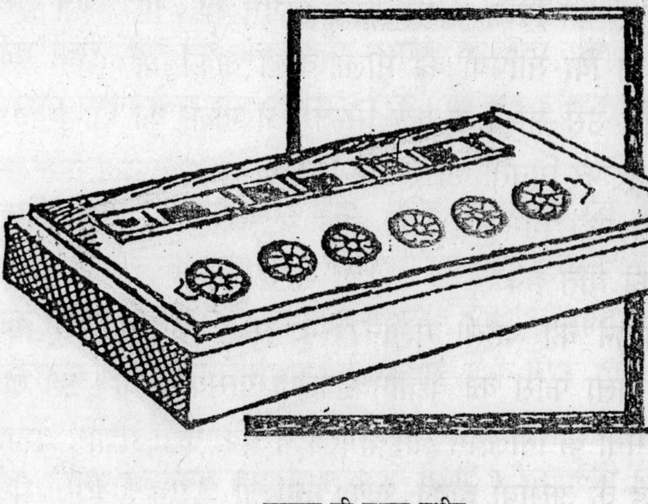

पास्कल की गणना मशीन

थी और तभी उसने यह भी जाना था कि हाथ की उंगलियों की पोरों से गिनने का काम लिया जा सकता है। सच्चे अर्थों में दुनिया का सबसे पहला कम्प्यूटर आदमी के हाथ की उंगलियाँ ही थीं।

सभ्यता के विकास के साथ-साथ कम्प्यूटर के रूप में भी परिवर्तन होता रहा। उंगलियों की पोरों की मदद से गिनने की बात तो न जाने कब की पता चल चुकी थी, कि एक दिन सहसा आदमी का ध्यान गले में पड़ी सीपियों की माला पर अटक गया। उसकी आँखें खुशी से चमक उठीं। फिर वह हंस-हंसकर तालियां बजाने और नाचने लगा। उसकी देखादेखी और भी बहुत-से लोग वैसा ही करने लगे। उनकी इस खुशी का कारण यह था कि सीपियों की उस माला के एक और उपयोग की जानकारी उन्हें हो गई थी। गले में पहनने के साथ-साथ उसकी मदद से गिना भी जा सकता था। कम्प्यूटर के विकास की दिशा में यह दूसरा कदम था। फिर एक दिन क्या हुआ कि सीपियों की माला वाला आइडिया पुराना पड़ गया और उस समय के एक मिस्तरी ने माला की ही बनावट के आधार पर गिनती का एक नया यंत्र ईजाद किया। उस यंत्र का नाम पड़ा गिनतारा। यह ईसा से लगभग 3 हजार साल पहले की बात है।

जोड़ने की पहली मशीन सन् 1642 में बनी। इसको बनाने वाला फ्रांस का वैज्ञानिक ब्लेज पासकल था। 38 वर्ष बाद जर्मनी के विलियम लाइबनित्ज ने एक ऐसी मशीन बनाई जो जोड़ के अलावा बाकी, गुण, भाग तो करती ही थी, साथ ही वर्गमूल भी निकाल सकती थी। चार क्रियाओं वाली इस गणना मशीन के आविष्कार के 32 वर्ष बाद इंगलैंड के चार्ल्स बैबेज नामक एक गणितशास्त्री ने एक 'विश्लेषक इंजन' का नक्शा तैयार किया। बैबेज का वह इंजन अगर तब बन जाता

तो वह आज के विकसित गणना यंत्रों के समान होता, लेकिन अफसोस कि उसके पुरजे तैयार कर पाना तब संभव नहीं था। लेकिन बैबेज ने अपने नक्शे से संबंधित जो सिद्धांत तैयार किए थे वे आगे चलकर बड़े कारगर सिद्ध हुए। हार्वर्ड के एक भौतिक विज्ञानी होवर्ड ऐकिन ने उन सिद्धांतों का गंभीर अध्ययन किया और कुछ अन्य सहयोगियों के साथ मिलकर सन् 1944 में गणित की समस्याएँ सुलझाने में सक्षम पहले कम्प्यूटर का निर्माण किया। लेकिन जिस वास्तव में विद्युत मस्तिष्क कहा जा सके ऐसा कम्प्यूटर दो वर्ष बाद सन् 1946 में तैयार किया गया। इसका नाम था—एनिऐक (इलेक्ट्रिक न्यूमेरिकल इंटिग्रेटर एंड कैलकुलेटर)

यह सही है कि गणित की समस्याओं को हल करने वाला पूर्णतया इलेक्ट्रानिक कम्प्यूटर सन् 1946 में बना। लेकिन द्वितीय विश्वयुद्ध के दौरान जिंदगी और मौत का सवाल इतना अधिक महत्त्वपूर्ण हो उठा था कि संसार के सभी प्रमुख वैज्ञानिक युद्धास्त्रों का मुकाबला करने वाले यंत्रों के आविष्कार में जुट जाए थे। परमाणु बम, राकेट उसी काल की देन हैं। कम्प्यूटर विज्ञान के क्षेत्र में भी उन्हीं दिनों क्रांति हुई और ऐसे कम्प्यूटर बनाए गए जो विमानों कि डिज़ाइन बनाने, प्रक्षेपण विज्ञान की समस्याएँ सुलझाने और यह भविष्यवाणी करने में सक्षम थे कि दुश्मन के किस इलाके पर बमबारी की जा सकती है। आज जिन आई.बी.एम. कार्ड की शोहरत सारी दुनिया में है यह वास्तव में हालरिथ के कार्ड है। हालरिथ का पूरा नाम हर्मन हालरिथ था। वह अमेरिका के निवासी थे और सन्

1889 में उन्होंने कार्डों में छेद करने की एक नई तरकीब निकाली थी। उनकी गणना मशीन बिजली से चलती थी। उस मशीन से अमेरिका की सन् 1890 की जनगणना में इतनी सहायता मिली कि आठ साल का काम सिर्फ सवा दो साल में पूरा कर लिया गया।

इस प्रकार हम देखते हैं कि आज का विकसित कम्प्यूटर संसार के अनेकानेक गणितज्ञों और वैज्ञानिकों की सैकड़ों वर्षों की दिन-रात की मेहनत का परिणाम है। यूरोप, अमेरिका के साथ-साथ एशिया-अफ्रीका के कुछ देशों में भी आज कम्प्यूटर जीवन के हर क्षेत्र में सहायक सिद्ध हो रहे हैं। संक्षेप में, कम्प्यूटर के वर्तमान कार्यक्षेत्र इस प्रकार हैं :

वेतन के चेक तैयार करना, बैंकों के खाते ठीक करना, किसानों को कृषि संबंधी महत्त्वपूर्ण सूचनाएँ देना, जन-गणना, डाक की छंटनी, कारखानों, मिलों, बेकरी व रसायन संयंत्रों की देखभाल व नक्शा तैयार करना, रेलमार्ग का संचालन, मौसम की पूर्व सूचना, अन्ध शिक्षा, अपने अन्य भाइयों अर्थात् दूसरे कम्प्यूटरों के नक्शे तैयार करना, अनेकानेक समस्याओं का समाधान प्रस्तुत करके वैज्ञानिकों को उसके अनुसंधानों में मदद करना, हवाई उड़ानों में सीटों के रिज़र्वेशन, उड़ानों के निर्धारण, परिवहन की व्यवस्था, अन्तरिक्ष उड़ानों से संबंधि अनेकानेक कार्य तथा युद्ध-संबंधी पूर्व सूचनाएँ।

इन कार्यों के अतिरिक्त एडवांस टेक्नालाजी के कार्यों में भी आज कम्प्यूटरों का दखल है। जेट विमान, परमाणु रियेक्टर, पुलों के क्षेत्र में आज वे पूरी तरह पहचाने जाते हैं। अलबामा

के हंट्सविले अंतरिक्ष उड़ान केन्द्र में दो ऐसे कम्प्यूट हैं जो एक करोड़ चालीस लाख अंकों की गणना प्रति मिनट कर सकते हैं। इस प्रक़ार वे दोनों कम्प्यूटर एक मिनट में 2 करोड़ 90 लाख अंकों को जोड़ देते हैं। वे कम्प्यूटर ही एक विशालकाय सैटर्न अंतरिक्षयान का नक्शा तैयार करने में सहायता कर रहे थे।

वह दिन अब दूर नहीं है जबकि अपना देश भी कम्प्यूटर के क्षेत्रें विश्व के अन्य विकसित देखों से आँखें मिला पाने में सक्षम हो जाएगा।

कम्प्यूटर की भेद

कम्प्यूटर मूलतः दो प्रकार के होते हैं : 1. अनुरूप कम्प्यूटर (Analogue), 2. आंकिक कम्प्यूटर (Digital) दोनों की बनावट, कार्यविधि और उपयोगिक में काफी अंतर रहता है।

अनुरूप कप्यूटर : इस कोटि के कम्प्यूटर प्रश्न को नापकर हल करते हैं। जैसा कि इसके नाम से स्पष्ट है, यह अनुरूपता

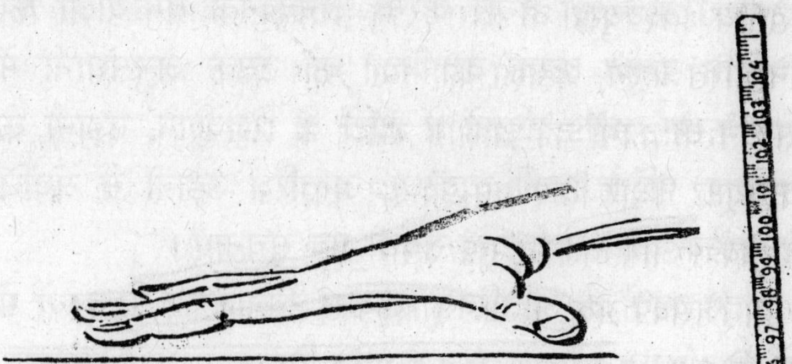

के सिद्धांत पर आधारित है। इस कोटि के कम्प्यूटर किसी भी भौतिक समस्या का अनुरूप प्रस्तुत करते हैं और अपने उपयोग में ऐसी मात्राओं को लेते हैं जिनकी माप करने की क्षमता उनमें होती है।

अनुरूप कम्प्यूटर का उत्तर देने का तरीका भी अंकीय कम्प्यूटर से भिन्न है। ये अपना उत्तर चिह्नित पैमाने पर दिखाकर, ग्राफ या आलेखन पटल कर अंकित करके अथवा सुई द्वारा बताते हैं। इस दृष्टि से स्लाइड रूल, कार की टंकी में पेट्रोल की मात्रा बनाने वाला मीटर, स्कूटर अथवा मीटर की चाल बताने वाली घड़ी, समय बताने वाली घड़ियाँ व थर्मामीटर बहुत साधारण किस्म के अनुरूप कम्प्यूटर हैं। इनसे भी साधारण किस्म का और सबसे पहला अनुरूप कम्प्यूटर है हमारे हाथ का बित्ता या बालिश्त। बित्ता या बालिश्त द्वारा हमें जो उत्तर मिलता है वह नाप में होता है।

इलेक्ट्रोनिकी विकास के साथ अनुरूप कम्प्यूटरों का स्वरूप भी विकसित होता रहा है। उनके कार्यक्षेत्र भी बढ़ते रहे हैं। द्वितीय विश्वयुद्ध के दौरान नौ-संचालन, मिसाइल का पथ निर्धारित करने, जहाजों को नष्ट करने वाली तोपों के निशाने साधने के कामों को आसान बनाने के उद्देश्य से ऐसे अनुरूप कम्प्यूटर तैयार किए गए जो इन कामों को ठीक-ठीक अंजाम दे सकें। आगे चलकर एक ऐसा अनुरूप कम्प्यूटर तैयार किया गया जिसकी मदद से जेट इंजन के डिजायन बनाने, जेट इंजन के निर्माण व परीक्षण में आशातीत सहायता मिली और जो काम पाँच साल में पूरा हो पाता था वह ढाई साल में ही कर

लिया गया।

आंकिक कम्प्यूटर—आंकिक कम्प्यूटर की विशेषता भी उसके नाम से जानी जा सकती है। उसकी कार्यप्रणाली अंकों पर निर्भर करती है। आंकिक कम्प्यूटर अपना उत्तर गिनकर गिनतियों में बताता है। दुनिया का सबसे पहला आंकिक कम्प्यूटर तभी बन गया था जब आदमी को गिनतियों का ज्ञान हुआ था। और वह आंकिक कम्प्यूटर है—हमारे हाथ की उँगलियाँ। गिनतियों से संबंधित किसी सवाल का जवाब हम अपने हाथ की उंगलियाँ की पोरें गिनकर ही मालूम करते हैं। आज जो कम्प्यूटर बैंकों में चेक तैयार करते हैं, वेतन बांटते हैं, विशिष्ट अनुपात में रंगों को मिलावट करते हैं वे सब आंकिक कम्प्यूटर ही है। संसार में अधिकतर उपयोग आजकल आंकिक कम्प्यूटर का ही हो रहा है और उनके निर्माण की गति भी काफी तीव्र है।

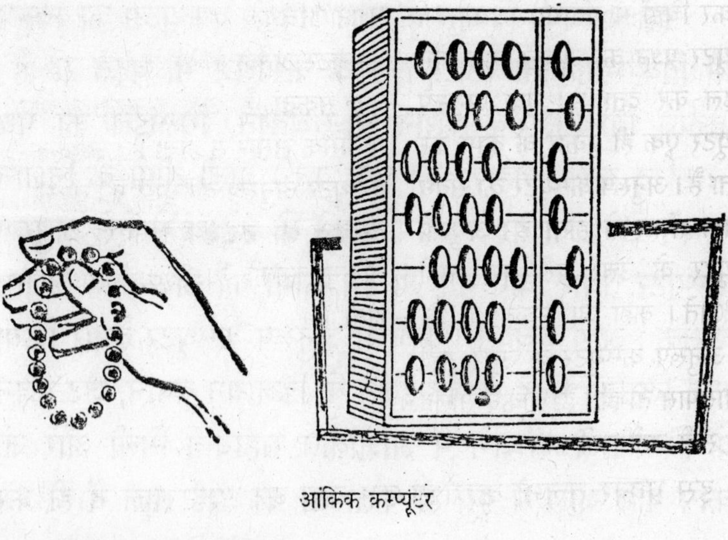

आंकिक कम्प्यूटर

अमेरिका के सांख्यिकीविद् डॉ. हर्मन हालरिथ ने सन् 1889 में जो जनगणना यन्त्र तैयार किया था, सही अर्थों में बिजली से चलने वाला वही सबसे पहला आंकिक कम्प्यूटर था। लेकिन आंकिक कम्प्यूटरों के क्षेत्र में अभूतपूर्व क्रान्ति का सूत्रपात सन् 1946 से ही हुआ—इलेक्ट्रिक न्यूमेरिकल इंटिग्रेटर एंड कैलकुलेटर (एनिऐक) के निर्माण द्वारा। बाद में तो आंकिक कम्प्यूटरों के क्षेत्र में दिन दूनी रात चौगुनी प्रगति होने लगी और आंकिक कम्प्यूटरों व अनुरूप कम्प्यूटरों के निर्माण का अनुपात क्रमश : 10 : 1 हो गया।

अनुरूप और आंकिक कम्प्यूटरों के अंतर व उनके गुण-दोषों को नीचे के वर्गीकरण से भलीभाँति समझा जा सकता है :

अनुरूप किम्प्यूटर	आंकिक कम्प्यूटर
अनुरूप कम्प्यूटर की बनावट बहुत सरल होती है। यह अपना उत्तर नापकर चिह्नों में बताया है। अनुरूप कम्प्यूटर प्रश्न को अत्यंत तीव्र गति से हल कर देता है। एक अनुरूप कम्प्यूटर एक ही प्रकार के काम कर सकता है। अनुरूप कम्प्यूटर का संबंध भौतिक संसार से होता है। अनुरूप कम्प्यूटर के उत्तर पूरी तरह सही नहीं होते। कहा जा सकता है कि एक अनुरूप कम्प्यूटर के उत्तर सही के आसपास तो होते हैं, लेकिन सोलह आने सही नहीं नहीं होते।	आंकिक कम्प्यूटर अपने सवाल गिनकर हल करता है और उसकी गणनाएँ विशुद्ध होती हैं। एक आंकिक कम्प्यूटर अनेक प्रकार के सवाल हल कर सकता है और उनका संबंध मानसिक संसार से होता है। आंकिक कम्प्यूटर अनुरूप कम्प्यूटर की तुलना मेंसवाल का जवाब देते तो देर में हैं, लेकिन उनकी विशुद्धता असंदिग्ध होती है।

इस प्रकार तुलना करने से इस बात का स्पष्ट पता चलता

है कि अनुरूप की अपेक्षा आंकिक कम्प्यूटर अधिक क्षमताशील हैं और उनका भविष्य भी उज्ज्वल है।

आंकिक और अनुरूप कम्प्यूटरों को मिलाकर एक तीसरे कम्प्यूटर का निर्माण भी किया गया हैं। इसमें दोनों ही कम्प्यूटरों के गुणों को समाहित करने का प्रयास किया गया है। मसलन आंकिक कम्प्यूटर की विशुद्धता और बहुउद्देश्यता व अनुरूप कम्प्यूटर की तीव्र गति व सरल कार्यविधि। इस तीसरी प्रकार के कम्प्यूटर का नाम है–अनुरूप आंकिक कम्प्यूटर। किन्तु उसकी निर्माण-गति इतनी शिथिल है कि अनुरूप की तरह इसके भविष्य पर भी आशंका ही व्यक्त की जा सकती है। निस्संदेह रूप से 21 वीं शताब्दी में कम्प्यूटर वंश के पूर्वजों में अनुरूप और अनुरूप-आंकिक कम्प्यूटरों के नाम भी जुड़ जाएँगे। लेकिन आंकिक कम्प्यूटर का वंशवृक्ष आश्चर्यजनक रूप से फलता-फूलता रहेगा।

बनावट तथा कार्य विधि

बनावट की दृष्टि से एक कम्प्यूटर में पाँच प्रमुख हिस्से होते है। इन हिस्सों को यूनिट या एकक कहा जाता है। ये यूनिट या एकक इस प्रकार हैं–

1. निवेश (Input)
2. नियंत्रित (Control)
3. अंकगणित एकक (Arithmatic unit)
4. भंडार भाग या स्मृति एकक (Store or Memory unit)

5. निर्गम (out put)

इसी तरह कम्प्यूटर की कार्यविधि को भी तीन हिस्सों में बांटा जाता है :

1. निवेश (Input)
2. प्रक्रमन (Processing)
3. निर्गम (Out-put)

निवेश : इस काम के दौरान निवेशी एकक कम्प्यूटर के सामने वह समस्या, जिसका समाधान पाना होता है, प्रस्तुत करता है। यह समस्या बटन दबाकर, छेददार कार्डों या फीतों द्वारा भेजी जाती है। कम्प्यूटर की कार्य करने की गति तीव्र होती है कि फीतों का कार्डों के पिछड़ जाने की बहुत अधिक संभावना रहती है। अतः निवेशी एकक में एक ऐसी व्यवस्था रहती है जिसमें सारे के सारे निर्देश संग्रह होते रहते हैं और वह व्यवस्था जब अपनी क्षमता-भर निर्देशों को संग्रह कर चुकती है तो निर्देशों के

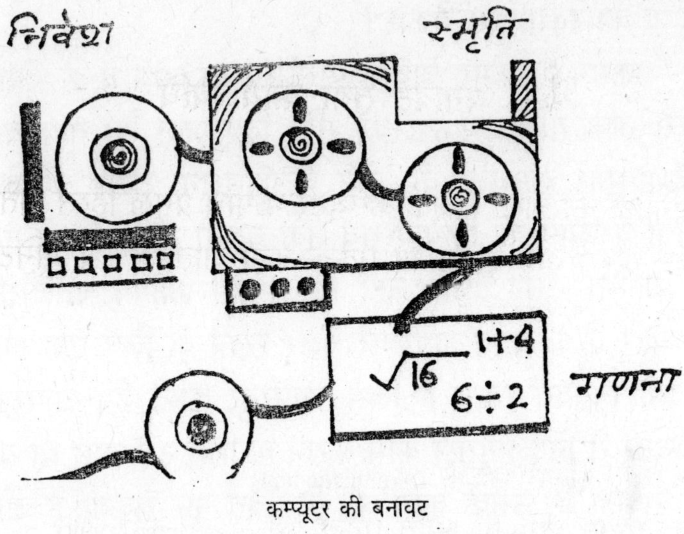

कम्प्यूटर की बनावट

समूह को कम्प्यूटर में प्रक्रमन या प्रोसेसिंग हेतु उंडेल देती है। इस व्यवस्था को अवरोध (Buffer) कहते हैं और निर्देशों के समूह को 'प्रोग्राम'। प्रोग्राम को तैयार करने वाला व्यक्ति 'प्रोग्रामर' कहलाता है। प्रोग्रामर का काम यह होता है कि वह समस्या का अध्ययन करके उसके समाधान की योजना व नक्शा तैयार करे और अंत में उसे व सभी आवश्यक निर्देशों को कम्प्यूटर के नियंत्रित विभाग में प्रेषित कर दे। इस प्रकार हम कह सकते हैं कि प्रोग्रामर के बिना कम्प्यूटर से कोई भी काम करवाना संभव नहीं। क्योंकि प्रोग्रामर ही नियंत्रित की निर्देश देता है तब नियंत्रित कम्प्यूटर को इस बात के लिए बाध्य करता है कि वह प्रोग्रामर के निर्देशानुसार समस्या का समाधान (जोड़, सबसे बड़ी या सबसे छोटी संख्या या आसत के रूप में) प्रस्तुत करे। व्यक्ति के रूप में प्रोग्रामर की जिम्मेदारी सबसे अधिक होती है। अगर वह सेकेण्ड के सौंवें हिस्से के तलिए भी अस्त-व्यस्त हुआ, तो समझो कि य का सारा श्रम बेकार।

प्रक्रमन : प्रक्रमन अर्थात् प्रोसेसिंग का कार्य य के भीतरी हिस्से अंक गणित एकक को सौंप दिए जाते हैं। तत्पश्चात् निर्देशानुसार कम्प्यूटर के अंदर कैलकुलेशन, छंटाई, मिलान, तुलना व चयन की क्रियाएँ तब तक चलती रहती हैं जब तक कि वांछित उत्तर तैयार नहीं हो जाता। प्रक्रमन के दौरान कम्प्यूटर के क्रिया-कलापों पर नजर रखने के लिए एक और आदमी नियुक्त रहता है जिसे आपरेटर कहते हैं। आपरेटर कम्प्यूटर से निर्देशानुसार काम कराने के लिए उसे चालू या बंद कर सकता है, उसके काम को नियंत्रित कर सकता है ओर

कम्प्यूटर की कार्यविधि

भिन्न-भिन्न हिस्सों की जाँच कर सकता है।

निर्गम : जिर्गग के दौरान एकक का काम शुरू होता है। निर्गम एकक कम्प्यूटर द्वारा प्रस्तुत किए गस सामाधान को कार्ड या फीतों पर छिद्रों द्वारा अंकित कर सकता है। कार्ड या फीतों पर छिद्रों द्वारा अंकित उत्तर को आंकड़ों में बदल कर दूसरों के लिए बोधगम्य बनाना प्रोग्रामर का कार्य है। कुछ नस

कम्प्यूटरों में मुद्रण की ऐसी व्यवस्था भी रखी जाती है कि छिद्रित उत्तर को अंकड़ों में बदने का काम प्रोग्रामर को नहीं करना होता, बल्कि छपकर बाहर आ जाता है। इस कई व्यवस्था में कैरेट्रान मुद्रक कहते हैं। इसकी गति कम्प्यूटर की गति के समान ही होती है।

कम्प्यूटर का तर्क व भाषा

अब प्रश्न यह उठता है कि कम्प्यूटर इतने तर्कसंगत उत्तर कैसे देता है। आदमी की बात दूसरी है। उसके पास सबसे बड़ा वरदान है। मस्तिष्क, जिसकी सहायता से वह तर्क करने में सक्षम है। लेकिन कम्प्यूटर तो एक बेजान चीज है। एक मशीन है। फिर यह कैसे संभव है कि एक मशीन तर्कपूर्ण उत्तर देती है ? इसका उत्तर यह है कि कम्प्यूटर अपने तर्कसंगत निर्णय तक उन तथ्यों के द्वारा पहुँचता है जो उसे निवेश के दौरान प्रोग्रामर के द्वारा निर्देशों के रूप में प्राप्त होते हैं। प्रोग्रामर द्वारा प्राप्त तार्किक सत्यों के उपयोग द्वारा ही कम्प्यूटर अपना निर्णय देते हैं। चाहे वह निर्णय गणना के रूप में हो अथवा किसी पद के लिए सर्वथा उपयुक्त व्यक्ति के चुनाव के रूप में।

आंकिक कम्प्यूटरों की भाषा को द्वि-आधारी संख्या प्रणाली (Binary number system) कहते हैं। यह प्रणाली अत्यंत बोधगम्य व सहज है। पहले इस प्रणाली के उपयोग अतयंत सीमित थे। अर्थात् संख्याओं के लिखने में ही इसका उपयोग किया जाता था किन्तु कम्प्यूटरों के विकास के साथ-साथ इस प्रणाली का

भी विकास हुआ और अब द्वि-आधारी संख्या प्रणाली का उपयोग अक्षरों व संकेतों के लिए भी होने लगा है।

द्वि-आधारी संख्या प्रणाली में शून्य से 9 तक के अंकों व वर्णमाला के अक्षरों की जगह केवल मात्र दो आंकिक संकेत इस्तेमाल किए जाते हैं–1 और 0। यही दो संकेत अपनी स्थितियाँ बदल-बदल कर सारी संख्याओं, अक्षरों व संकेतों को व्यक्त करते हैं। द्वि-आधारी प्रणाली इस प्रकार होती है :

सामान्य अंक	द्विआधारी प्रणाली
1	1
2	10
3	11
4	100
5	101
6	110
7	111
8	1000
9	1001
10	1010
सामान्य अंक	द्विआधारी प्रणाली
11	1011
12	1100
13	1101
14	1110
15	1111
16	10000
17	10001
18	10010
19	10011
20	101000

द्वि आधारी संख्या प्रणाली साधारण दृष्टि से जितनी जटिल प्रतीत होती है कम्प्यूटर के लिए वह उतनी ही सरल व सुविधाजनक है। यद्यपि इसमें छोटी-छोटी संख्याओं को व्यक्त करने के लिए कई-कई अंकों की जरूरत होती है—जैसे, 1024 लिखने के लिए (10000000000) ग्यारह अंकों की आवश्यकता पड़ी, लेकिन कम्प्यूटर को इस विस्तार में तनिक भी असुविधा नहीं होती।

द्वि आधारी संख्या प्रणाली केवल आंकिक संकेत भाषा ही नहीं है। इस प्रणाली का उपयोग अक्षरों व शब्दों के लिए भी किया जाता है। तब यही प्रणाली अक्षर संकेत भाषा (Alphanumeric code) कहलाती है।

कम्प्यूटर को जो भी निर्देश दिए जाते हैं वे द्वि आधारी संख्या प्रणाली में ही दिए जाते हैं। यदि उन सभी निर्देशों को इस प्रणाली में बदलने का काम प्रोग्रामर को करना पड़े तो शायद कोई भी आदमी प्रोग्रामिंग का काम स्वीकार करने की बजाय मौत को खुशी-खुशी स्वीकार करेगा। कितना कठिन है यह काम।

इसलिए इस काम के लिए टाइप राइटर जैसी मशीनें भी आती हैं। ये मशीनें अंकों व अक्षरों को अत्यंत तेजी के साथ द्वि आधारी प्रणाली में बदल कर कार्डों या फीतों पर लिखती जाती हैं। यही फीते कम्प्यूटर को दे दिए जाते हैं। कम्प्यूटर से जो उत्तर प्राप्त होते हैं, वे भी द्वी आधारी प्रणाली में ही होते हैं। उन्हें अक्षरों व अंकों में बदलने के लिए एक और मशीन होती है। वह कम्प्यूटर द्वारा दिए गए

उत्तर की संकेत भाषा को प्रचलित भाषा में अनुवाद करके छाप देती है।

कम्प्यूटर के उपयोग के क्षेत्र

कम्प्यूटर के उपयोग के मुख्य क्षेत्र दो हैं—सरकारें और विज्ञान कम्प्यूटर का सबसे पहला उपयोग सरकार ने ही किया—अमेरिका की सरकार ने। हालरिथ ने सन् 1889 में जनगणना की जो मशीन बनाकर अमेरिकी सरकार की जनगणना की समस्या को आसान बना दिया, वह कम्प्यूटर का प्रारंभिक रूप ही थी। जनगणना के आधुनिक कम्प्यूटर का रूप हालरिथ के कम्प्यूटर से बहुत अधिक विकसित है। वह चौबीसों घंटे काम में रत रहता है और समय से पहले ही अपने काम को अंजाम दे देता है।

1962 में अमेरिका की सरकार ने आय-कर निर्धारण का काम कम्प्यूटर को दे दिया। इस क्षेत्र में कम्प्यूटर के आने से पहले आय-कर निर्धारण का काम काफी जटिल था। लोगों की आय की सही-सही सूचना न मिल पाने के कारण आय का पूरा-पूरा आय-कर तो कभी वसूल ही नहीं किया जा सका। लेकिन कम्प्यूटरों ने इस काम को काफी आसान बना दिया है। अब कोई भी व्यक्ति अपनी आर्य का ब्योरा छिपा नहीं पाता है।

अमेरिका में चुनावों की मतगणना भी कम्प्यूटर ही करते हैं। यही कारण है कि वहाँ के चुनाव परिणाम विवाद के विषय

नहीं बनते। मतगणना के लिए वहाँ सबसे पहले सन् 1952 में कम्प्यूटर का उपयोग किया गया। उस बार कम्प्यूटर का कार्यवेग संतोषजनक तो रहा, लेकिन बहुत अधिक नहीं। किंतु सन् 1962 में, जब प्रेसीडेण्ट पद के उम्मीदवार जान एफ. कैनेडी थे, कम्प्यूटर ने चुनाव के लिए रात के 8 बजकर 12 मिनट पर मतगणना पूरी कर ली और कैनेडी को विजयी घोषित कर दिया। मतगणना के क्षेत्र में यह कम्प्यूटर की अभूतपूर्व सफलता थी।

कम्प्यूटरों के विकास और उनके व्यापक उपयोग की ओर विकसित राष्ट्रों का ध्यान द्वितीय विश्वयुद्ध के दौरान गया। चूँकि अस्तित्व की रक्षा का प्रश्न था। अतः वैज्ञानिकों ने दिन-रात एक करके कम्प्यूटरों को इतना क्षमताशील बना दिया कि युद्ध संबंधी अधिकांश कार्यों को वे ही निबटाने लगे। फल यह हुआ कि तब तक दुश्मन को परास्त करने की जो योजनाएँ अनुमान के आधार पर बनाई जाती थीं। वे पूरे विश्वास के साथ बनायी गईं और मित्र राष्ट्रों की जीत हुई। युद्ध में कम्प्यूटरों ने सेना में जवानों की नियुक्ति, जीवन-बीमा व युद्ध-नीति निर्धारण के साथ-साथ जासूसी का काम भी किया।

युद्ध-संबंधी कार्यों में कम्प्यूटरों का योगदान अब इतना अधिक बढ़ गया है कि वे युद्ध-संबंधी गवेषणाएँ व युद्धाभ्यास भी करते हैं। वायु सेना के विमानों में भी अब कम्प्यूटर लगाए जाते हैं वे वायु के वेग, विमान की ऊँचाई व वायु के दबाव की सूचनाएँ एकत्र करते हैं। नौ सेना में कम्प्यूटरों का उपयोग

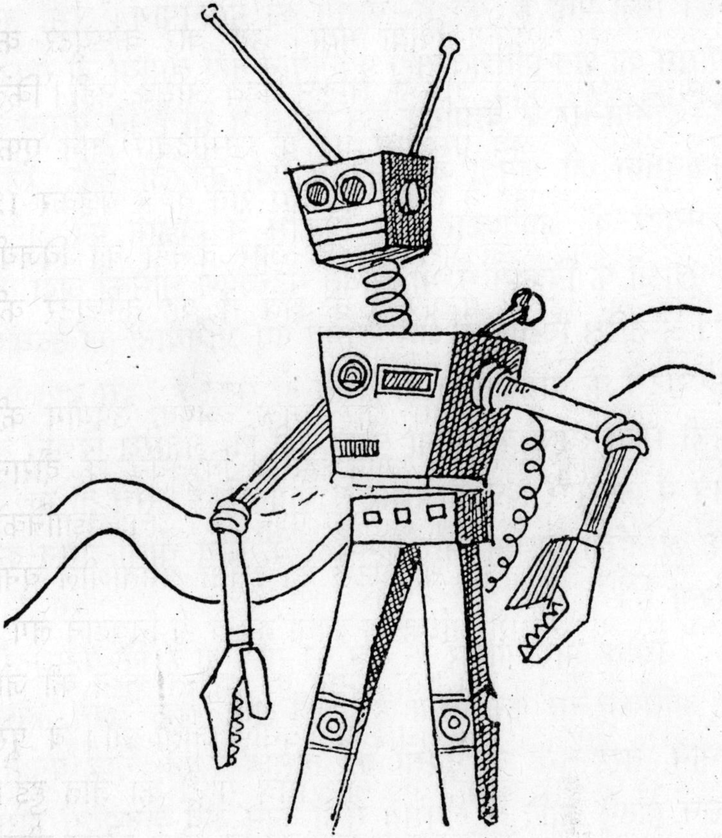

परिवहन व तोपमारी के लिए किया जाता है। अमेरिका में एक ऐसा कम्प्यूटर है जो नौ सेना युद्ध का खाका पेश करता है। ब्रिटेन का गुप्तचर विमभाग 'स्काटलैण्ड यार्ड' अब अपराधियों की खोज के लिए जासूस नहीं छोड़ता बल्कि कम्प्यूटर नियुक्त करता है। यही कारण है कि स्काटलैंण्ड याड की नजरों से अब कोई भी अपराधी बच नहीं पाता।

कम्प्यूटरों को अभी तक जिस़ काम में सफलता पूरी तरह

नहीं मिल पाई है, वह है—मौसम का पूर्वानुमान। अभी तक मौसम का शत-प्रतिशत सही पूर्वानुमान नहीं लगाया जा सकता है। दुनिया-भर के वैज्ञानिक इस प्रयास में रत हैं कि मौसम के पूर्वानुमान की क्षमता कम्प्यूटर में पैदा की जा सके। जिस कम्प्यूटर के आविष्कार और विकास ने विज्ञान की अनेक शाखाओं के विकास में भी अत्यंत महत्त्वपूर्ण भूमिका अदा की है। अन्तरिक्ष विज्ञान के क्षेत्र में नित नए अभियानों का उद्घोष कम्प्यूटरों के योगदान से ही संभव हो सका है। इस बात को भली भाँति स्पष्ट कर पाना संभव नहीं कि अंतरिक्ष विज्ञान के क्षेत्र में कम्प्यूटर कितनी प्रकार से योग देते हैं। सच तो यह है कि अन्तरिक्ष विज्ञान और कम्प्यूटर के बीच चोली-दामन का रिश्ता है।

उद्योग और व्यापार के क्षेत्र पर तो गता है कि कम्प्यूटरों ने अधिकार-सा कर लिया है। बही-खाते ठीक रखने, बिल बनाने, तरह-तरह के टैक्सों का हिसाब रखने, चेक बनाने, वेतन बांटने आदि के लगभग सभी काम अब कम्प्यूटरों द्वारा ही होते हैं। इस क्षेत्र में नीति-निर्धारक का काम भी कम्प्यूटरों से लिया जाता है। एक बैंक संगठन यदि किसी शहर में अपनी शाखा खोलना चाहता है तो सबसे पहले उसे कम्प्यूटर की स्वीकृति लेनी चाहिए। कम्प्यूटर बताएगा कि उस शहर में बैंकिंग का भविष्य कैसा है।

और तो और, अब कम्प्यूटर डॉक्टरों के सहायक भी सिद्ध हो रहे हैं। अमेरिका में बाल-मृत्युओं का अध्ययन पिछले नौ सालों से कम्प्यूटरों की सहायता से किया जा रहा है। हर बच्चे

के नाम पर एक ऐसा छेददार कार्ड होता है जिस पर उसके जन्म के समय माँ की आयु, गर्भावस्था के समय या बच्चे के जन्म के समय माँ की शारीरिक स्थिति, बच्चे का जन्म स्वाभाविक रूप से हुआ या आपरेशन द्वारा—आदि सूचनाएँ अंकित रहती हैं। उनके विश्लेषण से कम्प्यूटर मृत्यु के कारण का पता आसा . से लगा सकते हैं। नेत्र चिकित्सा के क्षेत्र में भी कम्प्यूटरों द्वारा अनेकानेक समस्याओं को सुलझाने के प्रयास हो रहे हैं। कैंसर जैसी असाध्य बीमारी भी कम्प्यूटर की सहायता से एक न एक दिन चिकित्सासाध्य हो जाएगी। ऐसी आशा है। एक डॉक्टर और एक कम्प्यूटर धीरे-धीरे एक दूसरे के पूरक बनते जा रहे हैं। प्रयोग के रूप में फ्रांस के एक वैज्ञानिक-चिकित्सक ने आँख के एक रोगी के लक्षण तथा कार्निया की कई सौ बीमारियों के लक्षण एक ही समय में एक चिकित्सक व एक कम्प्यूटर को दिए। चिकित्सक और कम्प्यूटर ने संभावित रोगों की जो सूची दी, उसमें कम्प्यूटर की सूची अधिक सही थी। यह निर्णय किसी और का नहीं बल्कि उस डॉक्टर का ही था। इस घटना से यह अनुमान पुष्ट होता है कि एक दिन अस्पतालों में डॉक्टरों की जगह कम्प्यूटर ही दिखाई देंगे।

इस प्रकार हम देखते हैं कि आज संसार में ज्ञान और विज्ञान के जितने भी क्षेत्र हैं, उनमें धीरे-धीरे कम्प्यूटरों का प्रवेश होता जा रहा है। यहाँ तक तो गनीमत थी कि अनुवादक का स्थान कम्प्यूटर ले रहे हैं, लेकिन पिछले दिनों 'साइंस डाइजेएट' पत्रिका में प्रकाशित एक लेख के अनुसार अब ऐसे

कम्प्यूटर का आविष्कार भी हो गया है जो कविता रचता है।

इन सब बातों से इस बात का पता सहज ही लगाया जा सकता है कि भविष्य आदमी का है या कम्प्यूटर का। कोई आश्चर्य नहीं कि मानव के मस्तिष्क की सूझ होने के बावजूद वह मानव का सृष्टिकर्ता बन जाए।

●●●